13 Mars 89

V

VENTE DU MERCREDI 13 MARS 1889

HÔTEL DROUOT, SALLE N° 5

TABATIÈRES & BONBONNIÈRES

BIJOUX

Objets de Vitrine

EXPOSITION PUBLIQUE

LE MARDI 12 MARS 1889

DE 1 HEURE A 5 HEURES

Me PAUL CHEVALLIER
COMMISSAIRE-PRISEUR
10, rue de la Grange-Batelière, 10

M. CHARLES MANNHEIM
EXPERT
7, rue Saint-Georges, 7

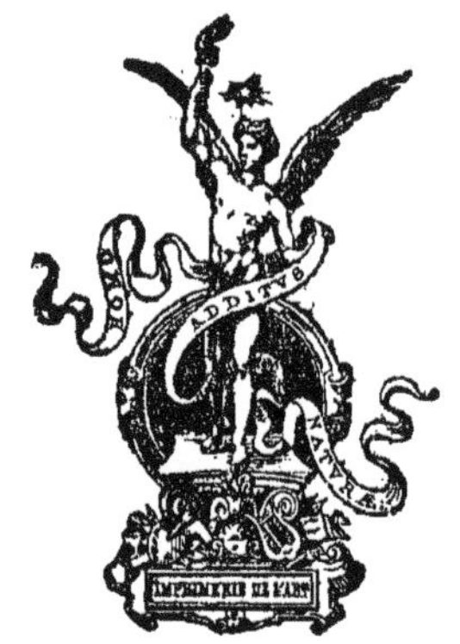
HOMO
ADDITVS
NATVRÆ
IMPRIMERIE DE L'ART

CATALOGUE

DES

TABATIÈRES & BONBONNIÈRES

Du XVIIIe siècle

Belles Boîtes en or ciselé des époques Louis XV et Louis XVI

BIJOUX ANCIENS

ET

OBJETS DE VITRINE

Joli Flacon en or émaillé Louis XV — Montres — Bagues
Médaillons — Étuis — Pendants de cou
Croix — Boutons — Pierres gravées — Éventails — Bois sculptés
Petits Ivoires japonais, etc.

DONT LA VENTE AURA LIEU

HOTEL DROUOT, SALLE N° 5

Le Mercredi 13 Mars 1889

A 2 HEURES

Mᵉ PAUL CHEVALLIER	M. CHARLES MANNHEIM
COMMISSAIRE-PRISEUR	EXPERT
10, rue de la Grange-Batelière, 10	7, rue Saint-Georges, 7

EXPOSITION PUBLIQUE

Le Mardi 12 Mars 1889, de 1 heure à 5 heures.

CONDITIONS DE LA VENTE

Elle sera faite au comptant.

Les acquéreurs payeront, en sus des adjudications, *cinq pour cent* applicables aux frais.

L'exposition mettant le public à même de se rendre compte de l'état des objets, il ne sera admis aucune réclamation une fois l'adjudication prononcée.

Paris. — Imp. de l'Art, E. Ménard et Cie, 41, rue de la Victoire.

DÉSIGNATION DES OBJETS

BOITES — TABATIÈRES

1 — Belle boîte ovale du temps de Louis XVI, en or de couleur ciselé, signée sur la gorge : *Auguste à Paris*. Elle ouvre à charnière ; sur le dessus, un médaillon encadré de rinceaux représente Vénus à demi couchée dans un paysage, entourée d'enfants qui lui présentent des festons de fleurs. Au pourtour, quatre médaillons oblongs représentent les Saisons figurées par des jeux d'enfants. Le pourtour du couvercle cannelé est décoré de festons de feuilles de laurier et le fond offre à son centre une rosace entourée de cannelures rayonnantes, de rosaces plus petites et de tores de laurier.

2 — Belle boîte de forme contournée du temps de la Régence, en or ciselé, ouvrant à charnière. Sur le couvercle et dans un encadrement com-

posé d'ornements rocaille, groupe allégorique des Sciences et des Arts figurés par des enfants et des amours, ainsi que par divers attributs se détachant sur un fond d'architecture. Au fond, médaillon analogue renfermant un groupe de trois enfants musiciens dans un paysage. Le pourtour de la boîte, cannelé, est enrichi d'ornements rocaille et de coquilles.

3 — Boîte ovale du temps de Louis XV, en or de couleur ciselé, à sujets et attributs de chasse en relief sur fond à mille raies et encadrés d'ornements rocaille et de fleurs. Les médaillons sont au nombre de six : un sur le couvercle, un au fond et quatre au pourtour.

4 — Boîte ovale du temps de Louis XVI, en or de couleur ciselé, à médaillons ovales renfermant des trophées d'instruments de musique et de fleurs. Ces médaillons sont encadrés et reliés entre eux par des rinceaux et des festons de fleurs.

5 — Boîte ovale du temps de Louis XVI, en or de couleur, avec fond à mille raies, cordons ciselés à fleurettes et feuillages et montants composés de pilastres ornés,

6 — Boîte oblongue et quadrangulaire du temps de Louis XV, montée à cage, ciselée et doublée en or. Elle est garnie de six panneaux exécutés en mosaïque de nacre, de burgau et de coquilles, sertis en or et représentant des vases de fleurs, des groupes de fruits et des feuillages.

7 — Boîte oblongue et quadrangulaire du temps de Louis XVI, montée à cage, en or gravé à ornements et garnie de six plaques de lumachelle.

8 — Boîte oblongue à pans, en or guilloché et ciselé à feuillages et ornements. Le couvercle est orné d'un fixé attribué à Charlet et représentant le portrait d'un vieux soldat vu en buste.

9 — Très petite boîte ronde du temps de Louis XVI, en or de couleur guilloché et à cordons formés de perles en relief.

10 — Bonbonnière ronde du temps de Louis XVI, en cristal, garnie en or gravé à ornements. Le couvercle présente un bouquet de fleurs exécuté en filigrane d'or et placé entre deux verres.

11 — Boîte ronde du temps de Louis XVI, en

écaille posée d'or à entrelacs. Le couvercle est orné d'une miniature en grisaille attribuée à *De Gault* et représentant une scène de bacchanale d'amours.

12 — Boîte ronde du temps de Louis XVI, en écaille brune. Le couvercle est orné d'une miniature peinte en grisaille et représentant cinq bustes d'enfants de profil.

13 — Boîte ronde du temps de Louis XVI, en écaille blonde galonnée et posée d'ornements d'or. Le centre du couvercle est occupé par un médaillon ouvrant, en or gravé, qui renferme une applique en or découpé.

14 — Boîte ronde en vernis de Martin à fond vert. Le dessus est décoré d'un groupe de trois enfants en couleur, et il est bordé d'or gravé.

15 — Petite boîte ronde en vernis de Martin, rayée jaune d'or et vert et galonnée d'or. Le couvercle est orné d'un fixé représentant un chien couché sur un coussin rouge.

16 — Boîte ronde en vernis de Martin, rayée jaune et blanc et galonnée d'or. Le galon du couvercle est gravé.

17 — Petite boîte ronde en vernis de Martin rouge sur fond guilloché, galonnée d'or. Le dessus, bordé d'ornements en or gravé et découpé, offre à son centre un médaillon rond qui renferme un chiffre en or gravé et découpé.

18 — Boîte ronde en ivoire doublée d'écaille. Le dessus est orné d'un fixé représentant des joueurs d'échecs en costumes Louis XVI.

19 — Boîte ronde en écaille blonde. Le dessus représente la Bastille exécutée en nacre, en relief.

20 — Boîte ronde du temps de Louis XVI, en écaille blonde galonnée d'or. Sur le couvercle, et dans un médaillon rond, une couronne de fleurs rapportée en or de couleur ciselé en relief et découpé à jour.

21 — Boîte ronde en poudre d'écaille rose incrustée d'étoile et d'ornements d'or. Époque Louis XVI.

22 — Bonbonnière ronde en écaille blonde posée de pois, d'étoiles et d'une couronne de feuillages d'or.

23 — Petite boîte formée d'une coquille à double valve en argent.

24 — Petite boîte ovale dont le pourtour, ouvrant à charnière, est en argent gravé et doré. Le dessus et le fond sont formés de plaques de cristal.

25 — Drageoir de forme contournée du temps de Louis XV, formé de deux plaques d'agate reliées par une monture en argent gravé et doré.

26 — Boîte ronde en bois pétrifié, doublée et galonnée en argent. Le dessus présente un médaillon qui offre en relief le sujet de la Sainte Famille, encadré d'une frise découpée à jour et qui se compose de rinceaux, de fleurs et de feuillages.

27 — Boîte ovale avec pourtour à gorge, en agate grise diaprée de plusieurs couleurs ; monture en or gravé. XVIIIe siècle.

28 — Boîte ovale en agate héliotrope pareille au jaspe sanguin, avec monture en argent.

29 — Boîte ovale de matière analogue, avec monture en cuivre doré.

30 — Boîte ovale en agate verte, avec monture en argent gravé.

31 — Boîte ronde en porcelaine de Chine, décor à figures en émaux de couleur ; monture en cuivre doré.

32 — Boîte ovale en mosaïque d'agates rubannées figurant des rosaces ; monture en cuivre doré.

33 — Bonbonnière ovale en marcassite taillée à facettes de diamant, avec monture en argent.

34 — Boîte ovale taillée en cuvette, en matière dure à fond jaune cailloutée de brun ; monture en argent.

35 — Boîte ovale en agate jaspée, avec monture en cuivre doré.

36 — Boîte ovale en bois pétrifié ; monture en cuivre doré.

37 — Boîte à deux compartiments en forme de tambour, en vernis de Martin à fond d'or.

38 — Boîte en ivoire formée par une main gantée.

39 — Boîte rectangulaire en émail de Saxe, à cartouches, scènes militaires, peints en camaïeu rose, dans des encadrements de rocailles en re-

lief émaillés blancs et relevés d'or. Époque Louis XV.

40 — Boîte rectangulaire en émail de Saxe, décorée de scènes pastorales en couleur sur fond blanc.

41 — Boîte ronde en argent, à dessus formé d'un bas-relief en nacre de perle, représentant Saint Georges.

42 — Boîte ronde en écaille brune, ornée sur le couvercle d'une miniature : Bacchante en buste.

43 — Boîte ronde ornée d'une mosaïque de Rome, représentant le Colisée.

44 — Boîte ronde en écaille brune, ornée sur le couvercle d'une plaque rapportée en cuivre, décorée d'un buste et de rinceaux gravés et argentés.

45 — Boîte rectangulaire en émail de Saxe, fond blanc, à décor de figures et de fleurs en couleur.

46 — Boîte rectangulaire en nacre gravée, à décor de fleurs sur fond strié ; monture en argent.

47 — Bonbonnière ronde en écaille brune piquée

d'or, à décor de rinceaux, de fleurons et de quadrillés.

48 — Boîte ronde en écaille brune posée d'or, à grande rosace composée de fleurons et de feuillages. Monture en argent doré.

49 — Boîte ovale à dessus formé d'une plaque de verre coulé en intaille, montée sur paillon bleu et décorée d'une figure de l'Abondance. Monture en argent.

50 — Trois pièces : tabatière en bois sculpté, à figures mythologiques en bas-relief ; autre en écaille frappée, à dessus représentant la Cène, d'après Léonard, et une boîte ronde en bois frappé, à figures et inscriptions.

51 — Deux pièces : tabatière rectangulaire en poudre d'écaille aventurinée, à dessus quadrillé d'or, et boîte ronde en écaille blonde parsemée de pois d'or.

52 — Deux boîtes rondes en poudre d'écaille, ornées chacune sur le couvercle d'un fixé.

53 — Deux boîtes rondes ; l'une décorée au vernis et à dessus représentant une scène enfantine ;

l'autre ornée sur le couvercle et à l'intérieur de mosaïque de paille.

54 — Trois boîtes rondes de Brunswick, variées de décor.

55 — Boîte ronde en bois, à dessus incrusté de nacre et figurant un dauphin.

BIJOUX

56 — Charmant petit flacon à odeurs de l'époque Louis XV, en forme de vase balustre en or ciselé, à décor de guirlandes et d'ornements en relief et rehaussés d'émaux de couleur ; une colombe en émail forme le bouchon du flacon ; une pierre gravée est enchâssée sous le piédouche.

57 — Flacon à odeurs en or de couleur ciselé, décoré de médaillons ovales contenant divers emblèmes en relief ; le bouchon est surmonté d'un motif composé de rinceaux repercés à jour. Travail de l'époque Louis XVI.

58 — Étui-cachet en or, à pans, de l'époque Louis XVI ; les faces sont parsemées de pois et d'étoiles

sur fond strié ; les angles, en chanfrein, sont décorés de fleurettes et de feuillages ciselés en relief.

59 — Médaillon pendeloque à deux faces en cristal de roche taillé, avec monture en argent ciselé et doré, à feuilles et cordelette. Époque Louis XIII.

60 — Flacon à odeurs en forme de bouteille de chasse en cristal, recouvert d'un revêtement d'argent repercé à jour et doré, à décor de figures et de rinceaux ; il est muni d'un bouchon et de deux petites attaches latérales reliées par des chaînettes à un anneau de suspension.

61 — Boîte à allumettes en or, décorée sur toutes ses faces de peintures sur émail en couleur, sur fond blanc. Travail moderne.

62 — Bague en or ciselé du XVIIIe siècle, à chaton octogone, cornaline gravée, entre deux roses.

63 — Bague en argent, à chaton ovale gravé d'une figure de femme drapée à l'antique et encadrée d'un filet en or incrusté.

64 — Jolie bague en or Louis XVI, à chaton en amande entouré de roses et contenant une petite

montre à cadran et roue d'échappement ressortant sur un fond d'émail bleu.

65 — Bague en or Louis XVI, à chaton losangé, émaillé bleu, présentant une petite montre entourée de demi-perles.

66 — Deux bagues-marquises en argent, à grands chatons d'émail bleu enrichis de stras.

67 — Épingle de cravate en or, avec jolie miniature sur ivoire, signée *Duboy* : Portrait d'un petit garçon blond, vu de face, gilet blanc, habit bleu.

68 — Pendant de cou en argent, enrichi de pierres de couleurs et de perles.

69 — Quatre petites boîtes hollandaises en argent étampé, à décor de figures et d'ornements. XVIIIe siècle.

70 — Quatre petites pièces en porcelaine décorée de la Chine : deux flacons-tabatières et deux figurines.

71 — Petite montre de Genève en or émaillé, à cadran sur chaque face. XVIIIe siècle.

72 — Montre Louis XV en or émaillé, offrant sur la cuvette un médaillon en grisaille à fond rubis, encadré de perles d'émail blanc.

73 — Petite montre du XVIIIe siècle, en or ciselé et à cuvette, décorée d'une peinture sur émail, encadrée d'une bordure d'émail, rubis sur fond guilloché.

74 — Boîtier de montre de forme octogonale, en cristal de roche, avec monture de cuivre gravé.

75-76 — Deux médaillons en or enrichi d'émaux, et renfermant des peintures sur verre. Travail espagnol du XVIIe siècle.

77 — Deux médaillons, l'un rond, en argent émaillé, contenant un émail à bustes de comédiens de l'époque Louis XV; l'autre ovale, en argent, contenant des figures de saints églomisées. Époque Louis XIII.

78 — Médaillon de piété en or émaillé, dans un cadre orné de pierres de couleur, et une chaîne de col en or avec perles et grains bleus.

79 — Chapelet d'or et petite croix émaillée.

80 — Croix en or émaillé, enrichie de perles et de pierres-tables. Travail espagnol du XVIIe siècle.

81 — Autre croix espagnole en or, églomisée sur les deux faces.

82 — Deux bagues de cuivre doré, l'une à chaton en amande contenant une sculpture sur bois : les Emblèmes de l'amour ; l'autre à chaton doré ; attributs religieux, dans un entourage de pierres de couleur.

83 — Deux bijoux pendeloques : oiseau en argent doré avec pierre cabochon, et petit cartel à figure, en bas or enrichi de pierres.

84 — Croix flamande en or ajouré, enrichie de roses.

85 — Croix flamande en argent repercé à jour, enrichie de roses.

86 — Deux cœurs surmontés de couronnes, argent repercé et roses.

87 — Croix en argent et roses.

88-89 — Deux petites croix en or, dont une avec roses.

90 — Trois petits bijoux d'or : médaillon : la Vierge et l'Enfant, croix émaillée sur losange dentelé et fragment de médaillon.

91 — Deux pièces : médaillon-cœur en buis sculpté avec cadre en argent, et une pelote en ivoire à nombreux personnages sculptés à jour.

92 — Médaillon-reliquaire en cristal de roche, contenant une peinture églomisée.

93 — Bijou en forme de nacelle, en cristal de roche et en or émaillé.

94 — Reliure de livre en argent gravé et repercé à jour. XVIIe siècle.

95 — Quatre pièces en argent : petit bas-relief : Cavaliers, plaque à figures religieuses gravées et émaillées, petit tableau gravé sur les deux faces et une bague à figure de femme ciselée en relief.

96 — Étui en vernis Martin, à paysages en couleur sur fond doré.

97 — Petit buste en bas-relief, sans fond : Portrait de Louis XIII, en argent fondu et ciselé.

98 — Petite plaque ovale de cristal gravé, à figures et ornements plaqués d'une feuille d'or; elle est montée sur paillon vert et cerclée d'argent. Travail indien.

99 — Dix pierres gravées en intaille, sur agates et matières dures.

OBJETS DE VITRINE

100 — Charmant petit miroir à main en buis finement sculpté, à décor de cariatides, de mascarons et d'ornements dans le style du XVIe siècle.

101 — Bel éventail de l'époque Louis XV, à monture d'ivoire, composée de figures et d'ornements découpés à jour et dorés, et feuille peinte à la gouache, représentant une fête champêtre comprenant un grand nombre de figures.

102 — Trois pièces : une feuille d'éventail représentant l'autel de l'Amour, et deux petits portraits aux crayons rehaussés, dont un signé : P. Gay, 1790.

103 — Ivoire japonais. Nichée de souris, groupe en ronde bosse en ivoire teint. Signé.

104 — Ivoire japonais. Trois boutons variés en ivoire sculpté et enrichis d'incrustations de pierres, de laques, de nacre, etc.

105 — Ivoire japonais. Deux petites pièces : tortues l'une sur l'autre et chimère la patte sur une boule évidée.

106 — Ivoire japonais. Trois petites pièces : Personnage accroupi, tenant une tortue et à riche costume incrusté de pierres de couleur et de nacre ; groupe de deux musiciens aussi en ivoire et un personnage assis tenant un éventail en bois sculpté.

107 — Grand camée coquille, finement sculpté en bas-relief et représentant une fête antique ; monture en or et argent. Travail italien.

108 — Râpe à tabac en buis sculpté, à figure de pèlerin sous un dais ; au bas, un Bacchus à califourchon sur un tonneau.

109 — Buis sculpté. Râpe à tabac à armoirie, rinceaux fleuris et chiffre couronné. Travail de Bagard de Nancy.

110 — Vingt-quatre grands boutons et douze petits formés de rosaces en stras, montés argent.

111 — Dix-sept grands boutons et six petits, stras et pierres vertes, montés argent.

112 — Petite plaque d'argent gravé : la Justice.

113 — Miniature ronde finement peinte sur porcelaine : Portrait de femme. Époque de la Restauration.

114 — Deux pièces : boîte oblongue en cuivre, à figures et inscriptions en relief, et une montre à cadran gravé.

115 — Deux pièces : petit bas-relief Louis XV : le Concert, en cuivre doré, et un médaillon ovale : l'Amour, en paillons de couleur gaufrés sous verre, dans un cadre de bronze.

116 — Trois pièces : monocle en nacre ajourée ; porte-cure-dents en forme de passoire en argent ; un affiquet en tresse de laiton et de corne, monté en argent.

117 — Deux petites pièces en faïence.

118 — Petite armoire de forme Louis XV, à portes vitrées et à tablettes à l'intérieur.

www.ingramcontent.com/pod-product-compliance
Ingram Content Group UK Ltd.
Pitfield, Milton Keynes, MK11 3LW, UK
UKHW022150260726
13993UKWH00005B/2276

9 782329 505435